D1077924

L'ACTION HUMANITAIRE
JEAN-LUC FERRÉ

Sommaire

* Note : tous les mots suivis d'un astérisque sont définis dans le glossaire.

Le phénomène humanitaire explose dans les années 1990. L'aide apportée à son prochain n'est certes pas une nouveauté. Elle s'enracine dans la tradition de la charité chrétienne, puis dans la pensée des philosophes du XVIIIᵉ siècle, avant de se structurer progressivement au début de notre siècle. Mais, encore au stade artisanal il y a vingt ans, l'action humanitaire connaît aujourd'hui un développement sans précédent, au point de devenir une véritable industrie. Présentes lors des catastrophes naturelles, au cœur des conflits meurtriers, les organisations humanitaires travaillent sur tous les points chauds du globe, et s'activent auprès des défavorisés au sein même de nos sociétés occidentales. Les enjeux, tant politiques qu'économiques, sont considérables. D'autant que les États interviennent de plus en plus sur un terrain longtemps occupé par les seules organisations non gouvernementales (ONG*). Partir à la découverte de l'humanitaire, c'est explorer un univers dont dépendent les deux tiers de la population mondiale. Cet ouvrage, non exhaustif, en donne les repères essentiels.

La charité chrétienne

Tout au long du Moyen Âge, c'est avant tout l'Église qui prend en charge la souffrance humaine. La charité chrétienne s'exprime à travers le travail des institutions religieuses, et tout particulièrement des ordres monastiques.

Saint Vincent de Paul

Ce prêtre français (1581-1660) est sans aucun doute le grand précurseur de l'humanitaire. Il consacra toute sa vie à la lutte contre la misère en France. Il créa de nombreuses fondations de charité, notamment l'ordre des Filles de la Charité en 1633. Il fut canonisé en 1737.

L'aide aux pauvres

La charité est l'une des vertus essentielles prônées par la religion chrétienne. Il faut aimer et aider son prochain, surtout les pauvres et les déshérités, à supporter les difficultés de l'existence. Au Moyen Âge, des aumôneries, de nombreuses institutions d'accueil, d'aide et de soins sont créées pour assister les plus misérables.

Cependant, dans l'esprit chrétien, les catastrophes naturelles, tout comme les inégalités ou les injustices sociales, sont avant tout des épreuves envoyées par Dieu. Ainsi en est-il de la peste noire au XIVe siècle (environ 25 millions de victimes en Europe) ou des ravages liés à la guerre de Cent Ans. Si l'Église s'attache à soulager les peines, elle ne remet pas en cause l'ordre établi et les pouvoirs en place.

Les ordres monastiques

À partir du VIe siècle, les grands ordres monastiques accomplissent une œuvre charitable considérable. Les Bénédictins qui suivent la règle de saint Benoît (v. 628-v. 690), assurent dans leurs monastères les soins aux malades, ouvrent des hospices et accueillent largement les lépreux dans des maladreries. Mais cette tradition de générosité va quelque peu s'estomper vers le XIe siècle. Les monastères s'enrichissent et se rapprochent de plus en plus du pouvoir. L'idéal de pauvreté et de charité des origines se perd. En réaction, de nouveaux ordres se créent alors : les Cisterciens de saint Bernard (1090-1153) et les Frères mineurs (ou Franciscains) de saint François d'Assise (1182-1226) renouent avec la tradition de pauvreté et la pratique de la charité. Le travail humanitaire des Franciscains est énorme, à une époque où le fossé se creuse entre pauvres et riches. Une tradition reprise plus tard au XVIIe siècle par saint Vincent de Paul.

Saint François d'Assise.

Prise de Jérusalem en juillet 1099.

La charité s'exporte

À partir du XIᵉ siècle, l'Europe se lance à la conquête du monde. De l'Orient d'abord, avec les croisades. Il s'agit de reprendre les terres occupées par les « infidèles » musulmans. Ce combat est également mené au nom de la charité : convertir ces infidèles au message du Christ, c'est sauver leur âme, au besoin par la violence. À la prise de Jérusalem, en 1099, les croisés massacrent la population. Mais, en 1113, ils fondent l'ordre de Saint-Jean, ordre hospitalier autant que militaire qui soigne les pèlerins et les blessés.

Charité ambiguë que cette association du glaive et de la croix, à l'œuvre également à partir du XVᵉ siècle durant la colonisation des Amériques. On est là bien loin des principes humanitaires modernes. En revanche, les techniques humanitaires s'affirment progressivement à travers ces expéditions : les soins aux victimes des combats, les méthodes d'intervention dans les pays lointains, la lutte contre certaines épidémies.

> Pendant près des dix siècles du Moyen Âge, les pratiques de la charité chrétienne sont les premières manifestations d'importance des techniques humanitaires.

La nouvelle « Humanité » des lumières

Au XVIIIe siècle, la philosophie des lumières invente une nouvelle conception de l'humanité fondée sur la Raison.

La rupture avec la charité chrétienne est totale. L'« humanitarisme » moderne vient de naître.

De gauche à droite :
Montesquieu
(1689-1755)
Diderot
(1713-1784)
Voltaire
(1694-1778)

Non à la Providence

Pour les philosophes des lumières* tels Montesquieu, Diderot, Voltaire ou Rousseau, la place de l'homme dans la société et ce qu'il subit ne sont pas fixés à jamais par l'ordre divin des choses. « Ceux qui ont dit qu'une fatalité aveugle a produit tous les effets que nous voyons

dans le monde ont dit une grande absurdité », écrit Montesquieu. L'humanité des philosophes se fonde sur la Raison et non plus sur la religion. L'homme a droit au bonheur et son devoir est de lutter contre les inégalités sociales ou naturelles par l'éducation, la solidarité et le progrès.

On voit bien la rupture avec la charité chrétienne : il ne s'agit plus d'accepter le monde tel qu'il est, en se contentant d'alléger les malheurs des plus démunis, mais de contester l'ordre établi pour le bien de tous. De fait, la première manifestation concrète de ces principes allait d'abord être politique.

En Europe :
l'humanitaire à petits pas

En Europe, l'action humanitaire découlant de l'esprit des lumières passe au second plan, bien après la remise en cause politique des régimes au pouvoir. La Révolution française, largement éclairée par les lumières, bouleverse trop le paysage pour que se structure une véritable aide humanitaire.

L'époque est violente, troublée. De 1792 à 1815, les guerres révolutionnaires puis napoléoniennes ravagent l'Europe de façon quasiment ininterrompue.

Pour autant, l'esprit humanitaire fait son chemin. Le terme même d'humanitaire apparaît au XIXe siècle. Lorsqu'on développe cet idéal universel de fraternité et de solidarité, on ne dit plus « avoir de l'humanité », mais « être humanitaire ».

Les prémices outre-Atlantique

C'est en fait dans le Nouveau Monde, où vient de s'installer une toute jeune démocratie, que l'esprit humanitaire se concrétise d'abord. En 1793, une révolte d'esclaves noirs chasse de l'île de Saint-Domingue (Caraïbes) de nombreuses familles d'aristocrates français, planteurs ou armateurs. Elles se réfugient aux États-Unis, en Floride. Accueil et premiers soins sont d'abord réalisés dans l'urgence. Puis cette aide s'organise : le Congrès américain vote même des crédits de secours.

Autre exemple avec le tremblement de terre qui détruit en 1812 une partie de Caracas, la capitale du Venezuela. La catastrophe fait 10 000 morts. Les Américains armeront alors une flotte de bateaux pour porter secours aux victimes.

Ces deux cas montrent que l'humanitaire se met en marche. Néanmoins, ce phénomène est loin d'être autonome, et ne s'est pas détaché de la sphère politique ou religieuse. Le chemin à parcourir est encore long.

> L'esprit humanitaire est défini en Europe par les philosophes des lumières, et se traduit sur le terrain, pour la première fois, aux États-Unis.

Humanitaire et colonisation

Au XIXᵉ siècle, les grandes nations européennes explorent les continents asiatique et africain.
Cette colonisation s'accompagne souvent d'un discours humanitaire, qui se traduit dans les faits par un progrès sanitaire, mais aussi par la soumission des populations colonisées.

Eugène Jamot

Directeur de l'Institut Pasteur de Brazzaville (Congo) en 1916, Eugène Jamot est chargé d'organiser un service spécialisé pour lutter contre la maladie du sommeil. Eugène Jamot n'hésite pas à s'enfoncer dans la brousse à la rencontre des malades. Pendant deux ans, il examine 90 000 personnes et en traite près de 6 000, contribuant largement à atténuer l'épidémie.

Une mission « civilisatrice »

Au XIXᵉ siècle, l'Europe est d'abord animée par la conviction de sa supériorité. Il faut apporter aux peuples lointains les bienfaits de l'éducation, du progrès, de la science. En un mot : les « civiliser ». Cette colonisation s'avère plus humaniste que religieuse. Mais le discours humanitaire ainsi revendiqué est surtout un prétexte commode pour justifier en fait une conquête du monde, qui ne s'embarrassera pas toujours du respect de l'autre pour parvenir à ses fins.

L'action humanitaire des colonisateurs reste donc ambiguë : elle aboutit à une soumission politique et culturelle des indigènes, tout en se prévalant d'un progrès sanitaire réel.

La médecine coloniale

À leurs missions militaires, les troupes coloniales associent, surtout dans la deuxième moitié du XIXe siècle, un travail médical très important. Les médecins militaires mettent en place de grands programmes de dépistage des maladies, de vaccinations et de soins. Certains participent activement à la recherche médicale. En poste en Algérie, Alphonse Laveran identifie en 1880 le parasite à l'origine du paludisme. C'est en Asie, à Hong Kong, qu'Alexandre Yersin, membre de l'Institut Pasteur, découvre en 1894 le bacille (bactérie) qui provoque une épidémie de peste. D'autres figures marquent cette époque. Ainsi le Français Eugène Jamot qui, avec des moyens réduits, parvient au cœur de l'Afrique à lutter efficacement contre la maladie du sommeil. Ces médecins de brousse, par leur travail sur le terrain et leur désintéressement, restent aujourd'hui encore des références pour les acteurs de l'humanitaire moderne.

L'« intervention d'humanité »

En marge de la colonisation, le XIXe siècle voit aussi apparaître la notion d'« intervention d'humanité », ancêtre du droit d'ingérence* actuel. Au nom des principes humanitaires, certains pays s'arrogent le droit d'intervenir militairement dans d'autres pays au secours des victimes d'un conflit ou des exactions d'un gouvernement. En 1827 par exemple, la France, l'Angleterre et la Russie interviennent en Grèce contre l'occupation turque. De même, en 1860, des troupes françaises sont chargées par les grandes puissances de mettre fin aux massacres des Chrétiens (22 000 morts) par les Druzes* au Liban. Mais ces expéditions, au-delà des justifications morales de façade, cachent le plus souvent des intérêts politiques, économiques ou stratégiques de la part des puissances intervenantes.

> La colonisation se traduit certes par un progrès sanitaire dans certaines régions, surtout grâce aux médecins de brousse.
> Mais le discours humanitaire sert en fait la volonté de puissance des nations européennes.

La médecine de guerre

La guerre est aujourd'hui le champ d'action privilégié de l'aide humanitaire. Mais tel ne fut pas le cas pendant longtemps. Bien au contraire ! L'histoire de la médecine militaire, c'est aussi celle de la prise de conscience humanitaire.

Florence Nightingale (1820-1910)

Cette infirmière anglaise fonde en 1853 à Londres un hôpital pour femmes invalides. Elle se distingue tout particulièrement pendant le guerre de Crimée en organisant des hôpitaux militaires de campagne. Expérience qu'elle renouvelle aux États-Unis pendant la guerre de Sécession (1861-1865) et plus tard durant le conflit franco-allemand (1870). Henri Dunant reconnaît s'être inspiré de son action.

L'homme, chair à canon

Le soldat peut souffrir. Jusqu'au XVIe siècle, l'homme n'existe pas sur un champ de bataille. Les morts sont considérés comme une espèce de fatalité. Tout juste peut-on noter, au XVe siècle, le rattachement de chirurgiens aux compagnies de l'armée de Charles le Téméraire. Mais l'expérience ne dure pas. C'est seulement sous le roi de France Henri II, en 1550, que la médecine de guerre commence à se structurer. Ambroise Paré (1509-1590), avec son premier « hôpital ambulatoire » introduit la chirurgie d'armée sur le terrain. C'est un petit pas sanitaire, mais certainement pas une véritable politique humanitaire. Les interventions restent ponctuelles, et la plupart du temps, on se contente de soigner ses propres blessés, quand on ne les abandonne pas à leur triste sort.

Un début d'organisation

Il faut attendre le XVIIIe siècle pour que s'impose l'idée d'un service de santé en campagne militaire. En 1708, Louis XIV ordonne la création d'un corps de santé militaire. À la veille de la Révolution, l'armée royale compte ainsi 1 200 chirurgiens pour 300 000 hommes.

Parallèlement apparaissent les premiers accords entre combattants. Certains chefs d'armées adverses définissent avant le combat des règles concernant le traitement des blessés et des prisonniers, instaurent même parfois la « neutralisation » des hôpitaux militaires de campagne, alors protégés par un fanion distinctif. Mais ces initiatives n'appartiennent qu'à quelques bonnes volontés. Et les guerres napoléoniennes marquent en la matière un net recul. Percy (1754-1825), célèbre chirurgien aux armées de Napoléon Ier, tentera bien d'institutionnaliser certaines règles humanitaires, mais en vain.

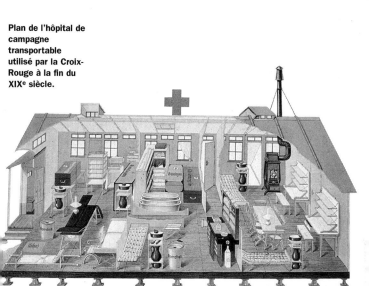

Plan de l'hôpital de campagne transportable utilisé par la Croix-Rouge à la fin du XIXᵉ siècle.

Indignation et pression de l'opinion publique

L'amélioration du sort des soldats n'est plus en vogue au milieu du XIXᵉ siècle. La guerre de Crimée (1854-1855), qui oppose la Russie à la Turquie, la France, l'Angleterre et le royaume italien du Piémont, se révèle particulièrement meurtrière, surtout à cause de l'absence d'infrastructures sanitaires.

Les journaux anglais de l'époque, dont le *Times*, dénoncent cette horreur. L'opinion publique s'indigne. Le gouvernement anglais se voit enfin obligé de réagir. Dans la campagne de soins, alors lancée, s'illustre Florence Nightingale, une infirmière militaire qui consacre toute son énergie à organiser des hôpitaux sur le terrain. Durant les six derniers mois de la bataille, les résultats sont spectaculaires. Mais la guerre de Crimée frappe les esprits, désormais en attente d'une initiative humanitaire destinée à régler de façon permanente le sort des victimes de guerre.

Ce sera l'œuvre du Suisse Henri Dunant.

> Pendant longtemps, les États se préoccupent à peine du sort de leurs soldats et des victimes de guerre. Mais, au XIXᵉ siècle, l'opinion est de plus en plus choquée par l'horreur des champs de bataille et attend l'établissement définitif de règles humanitaires.

Henri Dunant et la création de la Croix-Rouge

1859 : la meurtrière bataille de Solferino. Henri Dunant est témoin du massacre. Dans un livre, il décrit l'horreur et propose la création d'une institution neutre pour porter secours à toutes les victimes, et la définition d'un droit de la guerre. Ce sera la Croix-Rouge et la convention de Genève.

Henri Dunant (1828-1910)

Le fondateur de la Croix-Rouge connaît un bien sombre destin. Ses affaires en Algérie tournent mal et une banque genevoise les rachète. Mais l'établissement fait faillite et un tribunal de Genève tient Henri Dunant pour responsable. Dès lors, les autres membres du CICR le tiennent à l'écart. Ruiné, malade, il se retrouve à l'hospice. Il ne sera réhabilité qu'à la fin de sa vie, recevant même le premier prix Nobel de la paix en 1901.

Henri Dunant, le visionnaire

Henri Dunant est un notable genevois, idéaliste et pacifiste. En ce mois de juin 1859, il cherche à rencontrer Napoléon III pour régler un problème lié à ses affaires. Mais l'empereur fait la guerre en Italie du Nord. Henri Dunant arrive donc à Solferino au lendemain d'une bataille entre Autrichiens et Alliés (franco-piémontais). Il trouve sur place 40 000 blessés abandonnés, agonisants. Il participe aux secours improvisés par les habitants de la région.

Choqué par le carnage, il raconte son expérience dans un livre publié en 1862, *Un souvenir de Solferino*, qui suscite une vive émotion en Europe. Dans cet ouvrage, il propose de constituer une organisation permanente, neutre, parfaitement indépendante des États mais respectée de chacun, destinée à porter secours à toutes les victimes des guerres. Mais cette action humanitaire doit également s'inscrire dans le cadre d'un nouveau droit de la guerre, définissant des principes d'humanité reconnus par tous (voir Conventions de Genève p. 56). Henri Dunant jette ainsi les bases de la Croix-Rouge et de la convention de Genève.

La création de la Croix-Rouge

En février 1863, Henri Dunant rassemble à Genève un comité comprenant un juriste, un général et deux médecins. Les cinq hommes réclament la réunion d'un congrès international sur la question du secours aux militaires blessés. Le 26 octobre 1863, 36 délégués de 16 gouvernements répondent à l'appel. Ils adoptent les statuts des sociétés nationales permanentes de la Croix-Rouge et demandent aux États de signer sans délai une convention pour la protection des blessés de guerre.

Le mouvement international de la Croix-Rouge vient de naître.

La convention de Genève

Le 22 août 1864, douze des principaux États du monde signent la première convention de Genève « pour l'amélioration du sort des blessés dans les armées en campagne ». Pour la première fois dans l'histoire, un accord entre les États reconnaît un espace humanitaire neutre sur les champs de bataille. Le Comité international de la Croix-Rouge (CICR*) entend que tous les pays signataires de la convention respectent les engagements qu'elle contient.

Le CICR tire sa force de cette législation et de son autorité morale. Mais il suffit qu'un État décide de ne pas se plier à la nouvelle règle, et le CICR se retrouve finalement sans réel pouvoir pour lui faire entendre raison. C'est une limite à l'action du CICR que les conflits du XXe siècle vont se charger de souligner.

> Pour la première fois de l'histoire, la Croix-Rouge d'Henri Dunant et la convention de Genève définissent un espace humanitaire neutre, indépendant et désintéressé, sur les champs de bataille.

L'action de la Croix-Rouge

La Croix-Rouge remporte un succès immédiat, qui culmine avec ses opérations durant la Première Guerre mondiale. Mais l'organisation va bientôt connaître plus de difficultés à s'affirmer en temps de paix, et surtout va éprouver ses limites face au communisme et au nazisme.

1914-1918 : l'apogée de la Croix-Rouge

Les principes de la Croix-Rouge soulèvent rapidement l'enthousiasme. De nombreux pays créent leur comité national de Croix-Rouge (comité national de Croissant-Rouge pour les pays musulmans). Durant la Première Guerre mondiale, l'organisation est omniprésente. Les moyens déployés sont énormes et son champ d'action dépasse la simple aide médicale, avec notamment la création de l'Agence internationale des prisonniers de guerre. Près de 1 200 bénévoles informent les familles, gèrent le soutien aux prisonniers par l'envoi massif de colis dans les camps. À la fin du conflit, l'Agence aide également au rapatriement des prisonniers de guerre. La popularité de la Croix-Rouge est immense. En 1917, elle obtient le prix Nobel de la paix.

Le retour à la paix

La Première Guerre mondiale à peine achevée, se pose pour la Croix-Rouge le problème de la permanence de l'action en ces temps de paix que chacun croit définitive. Une séparation des tâches va alors s'opérer. La Ligue (baptisée aujourd'hui Fédération) des sociétés nationales de la Croix-Rouge, fondée en 1919, se charge des secours en cas de catastrophes naturelles et de la lutte contre la maladie et la pauvreté en temps de paix. Le CICR* s'occupe des conflits armés, de la promotion du droit humanitaire international et du respect de ses principes.

L'humanitaire à l'épreuve des totalitarismes

Rayonnant au lendemain du conflit de 1914-1918, les principes humanitaires vont pourtant très vite être mis à mal par les régimes totalitaires* installés en Union soviétique et plus tard en Allemagne. Au printemps 1921, près de 40 millions de personnes sont touchées par la famine qui sévit en Union soviétique suite à la guerre civile. L'opinion publique occidentale s'en émeut. Mais ne risque-t-on pas, en portant secours aux victimes et en collaborant avec le nouveau régime communiste, de contribuer

en même temps à la reconnaissance officielle de ce régime, avec qui les autres nations refusent alors de nouer des liens ? Pour la première fois se trouve ainsi posée la question des implications diplomatiques de l'humanitaire.

L'aide occidentale, et surtout américaine, se mobilise pourtant. Près de dix millions de personnes sont ainsi sauvées. Mais le régime communiste profite de cette aide pour établir des relations diplomatiques et commerciales avec l'Occident. L'humanitaire se voulait neutre, il se découvre manipulé.

Vingt ans plus tard, face au nazisme, le problème est similaire. Durant la Deuxième Guerre mondiale, la Croix-Rouge répète les actions menées en 1914-1918. Or, pour préserver ses missions d'assistance classiques, la Croix-Rouge préfère ne pas témoigner sur ce qu'elle sait des horreurs du génocide juif dans les camps de la mort. Pire : les nazis se prévaudront même de la caution de certains agents de la Croix-Rouge pour étouffer la vérité. Face à des régimes qui se moquent du droit humanitaire en vigueur, la réglementation de la guerre ne suffit plus. Une nouvelle approche s'impose.

Les interventions de la Croix-Rouge, efficaces pendant la Première Guerre mondiale, s'avèrent inadaptées aux monstruosités du deuxième conflit mondial. Une nouvelle conception de l'humanitaire doit émerger.

De la SDN à l'ONU

La guerre hors-la-loi, tel est le but que poursuivent la Société des Nations d'abord, puis l'Organisation des Nations unies à partir de 1946. Politiquement, cet idéal de sécurité collective sera un échec, mais débouchera tout de même sur quelques réussites humanitaires.

La SDN

Au sortir de la Première Guerre mondiale, le président américain Woodrow Wilson propose la création d'une association des nations pour maintenir la paix et la sécurité internationale. La Société des Nations naît en 1920. Le « pacte », signé par les 32 pays fondateurs (13 États neutres s'ajoutèrent ensuite), prévoit de garantir l'intégrité territoriale et l'indépendance de ses membres contre toute agression extérieure.

Pourtant, la SDN se révèle très vite incapable de faire respecter ce pacte, affaiblie notamment par l'abstention des États-Unis, qui n'ont pas accepté le traité de Versailles imposé par les Alliés à l'Allemagne vaincue. Dans les années 1930, le Japon, l'Allemagne et l'Italie violent tour à tour les traités internationaux. La SDN reste impuissante. L'institution ne résiste pas à la Deuxième Guerre mondiale. Officiellement disparue en 1946, elle est remplacée par l'ONU*.

Vue aérienne du siège de la FAO à Rome.

L'ONU

À la différence de la SDN, l'Organisation des Nations unies, créée en 1945, se dote de vraies institutions politiques (Conseil de sécurité*, Secrétariat général, Assemblée générale). Elle prévoit surtout l'usage de la force armée pour prévenir les conflits ou ramener la paix dans une région en guerre. Ce sont des contingents internationaux (les Casques bleus), qui peuvent s'interposer par exemple entre deux puissances ou deux parties adverses.

Mais au sein du Conseil de sécurité, le véritable organe décisionnaire, il suffit qu'un seul des cinq États siégeant en permanence (États-Unis, Union soviétique, Chine, Royaume-Uni et France) oppose son droit de veto pour qu'une action échoue. Comme, à partir de 1948, la guerre froide* divise le monde en deux blocs rivaux, Est et Ouest, le Conseil de sécurité se retrouve paralysé. L'ONU, critiquent certains, n'est alors qu'un « machin », privé de tout pouvoir.

Salle de conférence de la FAO.

Les agences de l'ONU

Cet échec est quelque peu compensé par la création progressive d'agences spécialisées des Nations unies qui, sur le plan humanitaire, réaliseront un travail énorme. Parmi les plus importantes : le Fonds des Nations unies pour l'enfance (UNICEF*), l'Organisation mondiale de la santé (OMS*), le Programme alimentaire mondial (PAM) créé en 1961 et chargé d'utiliser les excédents alimentaires pour lutter contre la faim, et la FAO ("Food and agriculture organisation" ou Organisation pour l'alimentation et l'agriculture), créée en 1945, dont le but est d'aider au développement de l'agriculture et de combler les déficits alimentaires dans les régions les plus pauvres du globe. Plus « techniques » que politiques, ces organisations jouissent d'une certaine autonomie par rapport aux gouvernements, ce qui facilite leurs actions. En 1980, un Département des affaires humanitaires a vu le jour, au siège de New York, pour coordonner le travail de toutes ces agences.

La SDN puis l'ONU échouent dans leur objectif de maintenir la paix. Mais l'ONU donne tout de même naissance à des agences spécialisées dont l'œuvre humanitaire est très importante.

Le développement des organisations privées

À partir de la Deuxième Guerre mondiale, à côté des agences des Nations unies et de la Croix-Rouge internationale, se créent de nombreuses organisations privées. Elles se consacrent d'abord à l'aide à l'Europe, puis progressivement à la lutte contre le sous-développement.

La mobilisation américaine

C'est aux États-Unis qu'apparaissent, dès la guerre de 1939-1945, les premières grandes associations humanitaires privées, que l'on qualifiera plus tard de non gouvernementales (ONG*), par opposition aux organisations intergouvernementales de l'ONU*. Le terrain est alors dominé par les organisations religieuses : le Catholic Relief Service (CRS), fondé en 1943, coordonne l'action des paroisses catholiques, et le Church World Service celle des protestants.

Chez les laïcs se distinguent l'International Rescue Committee (IRC), créé en 1940 par des intellectuels et des artistes, la Cooperation for American Remittances to Europe (CARE), spécialisée à partir de 1945 dans l'envoi de colis, puis en 1950, World Vision, née au moment de la guerre de Corée.

En Europe

Sur le Vieux Continent, le grand frère est anglais : l'Oxford Famine Relief Committee (OXFAM) naît en 1942 pour secourir la population grecque victime de la famine. Aujourd'hui, l'OXFAM est devenu l'une des principales organisations privées d'aide internationale au monde.

Durant les années 1950-1960, d'autres associations d'importance voient le jour : le Comité catholique contre la faim et pour le développement et Frères des hommes en France, Terre des hommes en Suisse, Brot Für die Welt en Allemagne fédérale, entre autres.

Peace Corps

Fondé en 1961, le Peace Corps américain était un organisme gouvernemental d'aide au développement composé majoritairement de jeunes volontaires. Très présent, en particulier en Amérique du Sud, le Peace Corps a été en fait perçu comme l'un des instruments diplomatiques de Washington.

L'aide au développement dans le tiers-monde

Dans un premier temps, ces agences – surtout les organisations américaines – interviennent dans cette Europe ravagée par la Deuxième Guerre mondiale. Mais la situation s'améliorant progressivement, elles vont se tourner vers un autre objectif : l'aide à long terme en faveur du développement. La plupart des organisations se concentrent sur un travail de fond dans les pays du tiers-monde. Elles investissent ainsi un terrain politiquement très sensible. Car dans la querelle Est-Ouest, ces pays sont souvent des enjeux majeurs de la guerre froide*. Les États-Unis, à travers le Peace Corps notamment, font de la lutte contre la faim et de l'aide au développement un instrument contre la progression du communisme dans ces États. Difficile alors pour les ONG* de conserver toute l'autonomie nécessaire dans leurs interventions.

L'urgence, en tout cas, passe au second plan. L'humanitaire est ainsi quasiment absent du conflit vietnamien, pourtant meurtrier. L'espace est libre pour un nouveau type d'action : le « sans-frontiérisme ».

> Dans les années 1960, les ONG œuvrent surtout à l'aide au développement. Un humanitaire « tiers-mondiste » qui en oublie quelque peu l'urgence.

Le Biafra et la naissance du sans-frontiérisme

Témoins de l'impuissance internationale face au drame du Biafra, des médecins français revendiquent une nouvelle conception de l'humanitaire fondée sur l'urgence et le militantisme.

La guerre du Biafra

En mai 1967, le Biafra, une province au sud-est du Nigeria, se déclare indépendante. Situation inadmissible pour le gouvernement nigérian qui intervient militairement en juin. Un an durant, le monde reste totalement indifférent à cette guerre civile. Mais, à partir de mai 1968, les troupes nigérianes encerclent la région. Huit millions de Biafrais sont ainsi réduits à une impitoyable famine. Les premiers reportages télévisés montrent l'horreur : enfants décharnés, agonisants. Le rôle des médias est fondamental : ces images terribles frappent une opinion mondiale choquée par la première famine télévisée de l'Histoire !

Les institutions classiques restent impuissantes. L'ONU* est paralysée devant ce conflit interne. La Croix-Rouge, qui se veut neutre, ne parvient pas à concilier les deux parties adverses et négocie en vain l'acheminement de secours. Une quarantaine d'églises catholiques et protestantes réunies au sein d'une organisation née pour l'occasion, le Joint Church Aid, décident alors de passer outre les principes juridiques et d'agir. Le JCA met en place un pont aérien envoyant des vivres aux Biafrais. Cette ingérence humanitaire est une première.

Les effets pervers d'une intervention

Le conflit biafrais exprime cependant à lui seul tout le paradoxe de l'action humanitaire. Les dirigeants biafrais, vaincus militairement, comprennent vite qu'ils ne peuvent défendre leur cause que sur le terrain humanitaire. Ils s'enferment dans leur refus de négocier une issue politique au conflit, espérant qu'à terme, l'opinion internationale, émue, force le gouvernement nigérian à céder. Quant aux gouvernements occidentaux, ils se bornent également à soutenir l'action humanitaire, évitant de la sorte

Bernard Kouchner dans les années 70.

d'avoir à chercher une véritable solution politique ou militaire au problème. Le Biafra pose ainsi une question qui est loin d'être tranchée aujourd'hui : en soulageant la tragédie, l'humanitaire ne contribue-t-il pas à la faire durer ? Sans doute nécessaire, l'intervention humanitaire au Biafra ne peut rien résoudre à elle seule. En janvier 1970, le Biafra s'effondre, dans l'indifférence générale.

Le « sans-frontiérisme »

Reste néanmoins que ce conflit replace l'urgence au centre du débat sur l'humanitaire. Des médecins français, qui travaillaient au Biafra pour la Croix-Rouge, fondent en 1971 Médecins sans frontières (MSF). Contrairement à la Croix-Rouge ou aux autres ONG* qui œuvrent dans la discrétion, ils se veulent témoins tout autant que médecins. Ils aident, soignent et dénoncent. Ils se rendent partout où l'homme souffre, quel que soit son camp, partout où l'urgence n'impose qu'une seule priorité : agir, et vite.

Ce devoir d'assistance va projeter sur le devant de la scène une nouvelle pratique et une nouvelle génération d'acteurs humanitaires : les "french doctors"*.

> La guerre du Biafra inaugure un nouveau type de conflits, sur lesquels vont émerger les idées des ONG comme Médecins sans frontières, partisans du devoir d'assistance et de l'humanitaire d'urgence.

Les "french doctors"

Les médecins français des ONG, se consacrant exclusivement à l'urgence, s'illustrent dans les conflits « périphériques »* qui se multiplient à la fin des années 1970, et deviennent les nouveaux héros du monde humanitaire.

Une nouvelle donne

La fin des années 1970 est marquée par la multiplication des conflits internes dans lesquels les grandes puissances n'interviennent qu'indirectement.

En Asie (Vietnam, Cambodge), en Amérique centrale (Nicaragua, Salvador), en Afrique (Angola, Éthiopie), en Afghanistan, la guerre civile s'installe et dure. L'ONU* et ses agences, ainsi que le CICR*, restent empêtrés dans leur formalisme et n'agissent guère. Les ONG* de l'urgence, qui depuis le Biafra n'avaient pu travailler que ponctuellement, vont faire de ces guerres leur terrain d'élection.

1979, l'année déclic

À partir de 1979, les drames du Vietnam puis du Cambodge et de l'Afghanistan projettent sur le devant de la scène les médecins français de l'assistance humanitaire, qui deviendront bientôt mondialement connus sous l'appellation de "french doctors*".

Les "french doctors" se mobilisent d'abord pour sensibiliser l'opinion sur le sort des boat-people* vietnamiens qui fuient par milliers leur pays sur des embarcations de fortune. L'opération « un bateau pour le Vietnam » (où l'on retrouve Bernard Kouchner, membre fondateur de Médecins sans frontières) pour secourir les boat-people, connaît un retentissement considérable. Durant les mois suivants, "les french doctors" seront également en première ligne pour apporter des soins aux réfugiés cambodgiens après l'envahissement du Cambodge par l'armée vietnamienne.

La même année, ces associations humanitaires françaises s'investissent en Afghanistan aux côtés de la Résistance, dès l'invasion du pays par l'Armée rouge soviétique. Sur ce terrain délaissé par les organisations traditionnelles, elles acquièrent une réputation internationale.

« Un bateau pour le Vietnam »

Ce bateau, l'Île de Lumière, est affrété à l'initiative d'intellectuels comme Jean-Paul Sartre et Raymond Aron, bientôt rejoints par Bernard Kouchner. Cette opération, qui se veut tout autant dénonciatrice qu'humanitaire, va aboutir à une scission au sein de MSF et, un an plus tard, à la création de MDM.

NAISSANCE | **DE NOS JO**

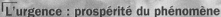

L'urgence : prospérité du phénomène

Le « sans-frontiérisme » commence ainsi à prendre son élan. De 1978 à 1980 par exemple, le budget de MSF est multiplié par 13 (de 1,5 à 20 millions de francs). Les "french doctors" suscitent des vocations et les années 1980 voient apparaître en France de nombreuses associations qui se spécialisent dans l'urgence : l'Action internationale contre la faim (AICF), Équilibre, Handicap international, l'Aide médicale internationale (AMI). Certaines, tout en privilégiant l'assistance humanitaire, se rapprochent également de la défense des droits de l'homme. C'est le cas de Médecins du Monde (MDM), que fonde Bernard Kouchner en 1980, après l'opération « un bateau pour le Vietnam ». Par la publicité qu'elles donnent à leurs actions grâce à un recours systématique aux médias, indispensable pour solliciter les dons du public, ces organisations élargissent progressivement leur audience et révèlent au monde nombre de drames lointains.

Notamment ceux des réfugiés, phénomène s'amplifiant tout au long de la décennie.

De gauche à droite : Xavier Emmanuelli, Claude Malhuret, Rony Braumann, figures emblématiques des "french doctors".

Les "french doctors", partisans de l'intervention d'urgence et de la dénonciation de toutes les injustices, dominent le mouvement humanitaire des années 1980.

Le drame des réfugiés

À la fin des années 1970, les mouvements de population, générés par les conflits armés aux quatre coins du monde, grossissent le nombre des réfugiés. La gestion de ce phénomène est aujourd'hui l'un des secteurs d'intervention majeurs de l'humanitaire.

Un être humain sur 130 est un réfugié. Mais, aux 23 millions de réfugiés dans le monde, il faut ajouter les personnes déplacées à l'intérieur de leurs propres frontières : en 1995, on en dénombre 25 millions.

Le HCR

C'est surtout avec la Deuxième Guerre mondiale que se pose avec ampleur le problème des réfugiés. Pour leur fournir un statut et leur porter assistance, les Nations unies interviennent après le conflit dans le cadre de l'Administration des Nations unies pour le secours et la reconstruction (UNRRA). Mais cette agence agit dans de multiples domaines. Aussi, en 1950, une organisation plus spécifique prend-elle la relève : l'Organisation internationale pour les réfugiés, qui devient un an plus tard le Haut-Commissariat pour les réfugiés (HCR*). On doit notamment au HCR la convention de Genève de 1951 sur le statut de réfugié. À l'époque, on pense que le HCR ne devra intervenir que pendant trois ans, tant il semble évident que le problème disparaîtra définitivement et rapidement.

L'aide aux réfugiés : l'explosion

Au contraire, avec la multiplication des conflits « périphériques »*, le nombre de réfugiés va considérablement augmenter durant les années 1970. Le premier grand mouvement intervient au Bangladesh, cette province du Pakistan qui revendique son indépendance en 1970. Le gouvernement mène dans la région une répression terrible, qui pousse à l'exode vers l'Inde voisine près de dix millions de personnes. L'aide aux réfugiés

occupe alors pour la première fois une place centrale dans un conflit. Plus tard, avec les guerres civiles dans d'autres points chauds du globe, la question des réfugiés prend de plus en plus d'importance. De 1977 à 1983, le nombre des réfugiés dans le monde passe de 3 à 11 millions.

Les camps de réfugiés : un phénomène permanent

Avec les années 1980, les camps de réfugiés se multiplient et s'installent parfois pour longtemps. Le conflit afghan, par exemple, a généré 5 millions de réfugiés (3 au Pakistan, 2 en Iran) ; celui du Rwanda, en quelques mois, a provoqué l'exode de plus de 3 millions de personnes. Le HCR gère aujourd'hui plus de 18 millions de réfugiés dans le monde, et son budget en fait l'une des plus importantes agences des Nations unies. Pour les ONG*, ces camps sont devenus des terrains d'action naturels, où l'urgence devient quasiment permanente. Il s'agit d'acheminer et de répartir la nourriture, de détecter les enfants souffrant de malnutrition, d'assurer le stockage et l'approvisionnement en eau, de veiller aux conditions sanitaires, de vacciner, de soigner. Le tout dans un contexte extrêmement difficile, car les camps de réfugiés se trouvent souvent au cœur d'énormes enjeux politiques.

L'aide aux réfugiés est aujourd'hui l'une des missions essentielles des ONG, mais également l'une des plus délicates.

Les enjeux politiques

L'humanitaire et ses interventions évoluent presque toujours sur un terrain miné par la politique. Un champ d'action où la revendication de neutralité et d'impartialité des ONG est mise à mal.

L'humanitaire manipulé

En 1921, c'est grâce à l'aide humanitaire et à une famine cyniquement mise en avant que le régime soviétique naissant rompt son isolement sur la scène internationale. Soixante ans plus tard, au Cambodge, le piège humanitaire fonctionne à nouveau. Manipulation de la part du régime pro-vietnamien installé à Phnom Penh, qui se renforce grâce à l'aide théoriquement envoyée pour lutter contre la famine ; manipulation encore de la part des Khmers rouges, qui profitent de l'assistance fournie aux milliers de réfugiés cambodgiens à la frontière thaïlandaise pour revitaliser leur guérilla anti-vietnamienne. Détournements inévitables ? En 1985, l'Éthiopie en offre un nouvel exemple. Le régime commu-

niste du colonel Mengitsu contrôle largement les secours internationaux censés contrer la terrible famine qui décime la population à partir de 1983. Et grâce à cette aide, son gouvernement met en place un vaste programme de déportation et de concentration de population dans des villages totalement encadrés par son armée. Faut-il dès lors dénoncer ces abus, au risque de ne plus pouvoir intervenir et de laisser des milliers de victimes à leur triste sort ? Ou se taire et se rendre ainsi complice ? Compromis ou compromission, tel est le choix cornélien auquel sont la plupart du temps confrontées les ONG*.

L'humanitaire engagé

Certaines organisations n'hésitent cependant pas à oublier leur idéal d'impartialité, finalement intenable, pour s'engager sur le terrain politique de la dénonciation. Ainsi MSF qui, jugeant que les déplacements de population en Éthiopie se révèlent plus meurtriers que la famine elle-même, se décide à demander l'arrêt de ces transferts. En 1985, MSF est expulsée d'Éthiopie. Mais quelques mois plus tard, à force de pressions médiatiques et politiques, le régime de Mengitsu cesse les déportations. Pour la première fois de l'histoire humanitaire, le combat d'une ONG contre un gouvernement oblige ce dernier à céder.

L'humanitaire prétexte

Dans les années 1990, comme durant la colonisation, les États justifient de plus en plus leurs interventions par des prétextes humanitaires. En Somalie, en Yougoslavie, au Rwanda, les interventions militaires des Casques bleus de l'ONU* ou des forces internationales mandatées par l'ONU se font au nom de l'humanitaire. Les frontières déjà perméables entre politique et humanitaire se brouillent alors définitivement. Pire, l'humanitaire tient lieu progressivement de seule et unique politique. Un paravent commode à l'inefficacité. L'humanitaire flatte la bonne conscience des nations intervenantes, et masque leur impuissance (ou leur désintérêt) à trouver des solutions aux problèmes de fond.

En se déployant la plupart du temps sur les champs de bataille, l'action humanitaire se trouve forcément au cœur de la politique. Au risque de l'amalgame, de la manipulation, qui rendent les missions très délicates.

Éthiopie : le tournant

La famine en Éthiopie, largement retransmise par les médias du monde entier, provoque un choc et un élan de solidarité sans précédent au sein de l'opinion publique mondiale. L'événement dynamise durablement le secteur humanitaire.

Le drame

L'Éthiopie subit en 1983-1984 une terrible sécheresse. Or, depuis plusieurs années, la politique du gouvernement communiste du colonel Mengitsu, entièrement tournée vers les besoins des villes et de l'armée, laisse les paysans du nord du pays dans un état de vulnérabilité déplorable. Répression et réquisition s'abattent sur eux, accusés de soutenir les mouvements de libération de la région, hostiles au gouvernement central. Quand frappe la sécheresse, les paysans n'ont plus aucune réserve. Tout le Nord sombre dans la famine.

La médiatisation

Pour autant, cette famine reste longtemps cachée.

Ce n'est qu'en 1984 qu'un journaliste est autorisé par les autorités éthiopiennes à filmer le drame. Ce reportage, diffusé par la chaîne britannique BBC en octobre 1984, fait l'effet d'une bombe. Toutes les télévisions du monde reprennent ces images d'enfants décharnés. L'onde de choc est immense. Comme pour le Biafra, mais à une échelle beaucoup plus vaste, c'est grâce à ces images que l'opinion publique se mobilise. Mais pour les ONG*, ce n'est pas une découverte ! Néanmoins, le

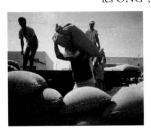

recours aux médias se systématise par la suite. Pour faire réagir le public, solliciter les dons, les ONG vont de plus en plus se tourner vers la presse. Qui de son côté aime à célébrer le courage de ces médecins-héros des temps modernes. L'humanitaire devient médiatique. Au risque de dériver vers un humanitaire-spectacle, dont les exemples se multiplieront par la suite.

"We are the world"

Ainsi projetée sur tous les écrans, la famine suscite un élan de solidarité sans précédent. Les dons affluent. Les budgets des ONG explosent. Choqué par l'horreur, Bob Geldof, chanteur du groupe pop britannique les "Boomtown Rats", lance la plus gigantesque campagne de charité connue à ce jour. Avec d'autres stars de la scène, il crée l'association "Band Aid", et organise un double concert, à Philadelphie (États-Unis) et Wembley (Angleterre), suivi par près de trois milliards de téléspectateurs. Le disque *We are the world, we are the children* se vend à 16 millions d'exemplaires, et "Band Aid" recueille en tout près d'un milliard de francs. Ces méthodes de collecte, ces grandes messes en mondiovision, ce charity-business, comme on l'écrira par la suite, vont influencer pour longtemps le « marché humanitaire ».

Désillusions

Grâce à la mobilisation internationale, 1 200 000 tonnes d'aide alimentaire sont envoyées en Éthiopie en 1985. Pourtant, une grande partie de cette aide est détournée de sa vocation initiale par le régime éthiopien qui la contrôle : il la met au service de sa politique de déplacement des populations. Une manipulation qui sème bientôt le doute chez les donateurs et provoque un vif débat au sein des ONG. En même temps qu'il contribue à « doper » le secteur humanitaire, le drame éthiopien est également à l'origine d'une prise de conscience : donner, oui, mais pour quoi faire et comment ? La question posée pousse dès lors les ONG à une vigilance qui se révélera plus que jamais indispensable.

L'Éthiopie a donné lieu à la plus grande campagne de solidarité jamais réalisée à ce jour. L'humanitaire ne va plus quitter le devant de la scène.

”Charity business”

**Les années 1980 voient l'humanitaire passer,
sur le plan économique, de l'amateurisme
au professionnalisme. Un véritable « marché » se crée.
Non sans dérives.**

Le marketing humanitaire

Dans les années 1980, les ONG* multiplient leurs missions. Elles ont donc un besoin croissant d'argent. Et pour ce faire, la collecte de fonds se professionnalise. Les ONG s'abonnent aux techniques de vente par correspondance et de marketing direct. Elles se lancent dans d'importantes campagnes de mailings, constituent des fichiers de fidèles donateurs, qu'elles s'échangent ou

louent à d'autres organismes.

Certaines agences spécialisées dans ce travail se créent, rémunérées à la commission ou en honoraires par les ONG.

L'humanitaire passe au stade industriel. La charité devient un marché, où parfois se montent des affaires douteuses. Ainsi, en 1991, de prestigieuses associations, comme la Croix-Rouge, l'Aide médicale internationale (AMI) ou l'Action internationale contre la faim (AICF) sont victimes de DBS, une société de marketing direct, dont les patrons détournèrent à leur profit la quasi-totalité des sommes collectées (plusieurs millions de francs). C'est la première grande affaire d'escroquerie humanitaire qui souligne les possibles dérives de telles pratiques.

La publicité

La communication des ONG passe également par la publicité. En 1976, MSF se fait connaître par une première grande campagne nationale dont le slogan est : « Dans leur salle d'attente, 2 milliards d'hommes. » Aujourd'hui, la plupart des associations consacrent de 2 à 10 % de leur budget à la publicité. Pour les agences de communication, l'humanitaire est un secteur porteur. Problème : peut-on « vendre » la misère humaine comme une simple lessive ? L'utilisation de certaines images, de mots chocs, particulièrement culpabilisateurs ou manipulateurs est-elle moralement justifiable ? Quelques affiches ont donné lieu à polémique. Si bien que certaines ONG préfèrent ne plus confier leur communication aux grandes agences de publicité. Ainsi MSF qui, en 1986, refuse « ce professionnalisme se résumant à un axiome de base : jouer sur les ficelles les plus abjectes – émotion, culpabilisation – pour faire rentrer le pognon ».

Tout se vend

Pour autant, le business humanitaire s'emballe toujours plus. Des multiples produits vendus « au profit de », aux interventions des stars et des entreprises sur ce créneau, l'humanitaire est souvent assaisonné à toutes les sauces. En dépit de la prudence dont elles veulent faire preuve, les ONG se retrouvent toujours tiraillées entre ce besoin d'obtenir des fonds et la volonté de ne pas transformer leur message en simple slogan commercial. Débat que résume Philippe Lévêque, directeur de développement de Médecins du Monde : « Nous ne voulons pas nous abaisser à certaines pratiques pour engranger des fonds (gadgets, affiches racoleuses, shows humanitaires). Mais le fait est qu'elles permettent parfois de toucher des gens qui sans cela n'auraient pas donné. C'est un équilibre fragile. »

Entreprises, agences de marketing, de communication font des affaires sur le marché de l'humanitaire. « La charité est devenue un produit de consommation de masse », souligne Bernard Kouchner en 1986.

Les dons

Chaque année, les Français donnent 9 milliards de francs aux organismes humanitaires et sociaux. À ces dons privés s'ajoutent les dons publics, dont la part est de plus en plus importante dans les budgets des ONG.

Les dons privés

En 1994, près de 50 % des Français affirment avoir fait un don à une association. Les années 1990 confirment d'ailleurs l'explosion des dons, avec là aussi une augmentation de 50 % des dons privés sur les quatre premières années de la décennie. Plus du quart de ces dons est destiné au secteur de la santé, et 10 % vont à l'aide internationale. Pour les ONG* et autres associations, il est de plus en plus difficile de toucher les particuliers tant les sollicitations sont nombreuses et diverses. Convaincre de nouveaux donateurs exige beaucoup plus d'efforts de démarchage (mailings, publicité), dont la rentabilité financière est bien moindre que dans les années 1980. Globalement, sur le plan des dons privés, la France se trouve aujourd'hui au troisième rang mondial, derrière les États-Unis et la Grande-Bretagne.

Les dons publics

La part des sommes versées aux ONG et autres organismes humanitaires par les États, les ministères ou les institutions internationales, est devenue de plus en plus importante. Globalement, de 3 % à peine au début des années 1970, elle dépasse désormais les 40 %, pour atteindre 75 % voire 80 % dans le budget de certaines ONG. Les missions des associations se multipliant et s'intensifiant, leur dépendance financière à l'égard des fonds publics s'accroît. Ainsi MSF, qui reçoit 158 millions de francs de l'État, de la CEE et du HCR*, sur un budget de 342 millions. Pour Handicap international, cette somme s'élève à 90 millions de francs sur un budget de 123 millions. Progressivement, la CEE est devenue le premier bailleur de fonds mondial en matière d'aide humanitaire. En 1993, elle a affecté 8,5 milliards de francs à l'aide d'urgence.

NAISSANCE DE NOS

Transparence

Pour plus de transparence sur l'utilisation des dons, le législateur a tenu à réglementer les appels à la générosi-

té. La loi du 7 août 1991 vise à ce que les donateurs puissent s'informer correctement quant à l'affectation des sommes qu'ils versent. L'article 4 oblige notamment les organismes qui font des campagnes de collecte à l'échelon national à établir tous les ans un compte d'emploi des ressources reçues du public. Ce compte précise l'affectation des dons par type de dépense (fonctionnement, publicité, marketing, opérations sur le terrain) et peut être consulté par tout adhérent ou donateur.

Depuis 1989, pour éviter les abus, vingt-deux associations (les plus importantes, représentant un quart des dons en France) se sont regroupées au sein d'un Comité de déontologie. Les membres contrôlent entre eux leur travail. Poussant encore plus loin, Médecins du Monde a mis en place en 1990 un Comité de donateurs indépendants, qui vérifie régulièrement la bonne utilisation de l'argent collecté par l'ONG.

> Les dons privés restent prépondérants mais diminuent au profit des dons publics. Pour éviter les abus, les grandes associations humanitaires manifestent de plus en plus un souci de transparence sur l'utilisation des sommes collectées.

JS PLANS   PRATIQUE

Le maintien de la paix

**Pour intervenir dans certains conflits internes,
l'ONU invente le concept de « maintien de la paix ».
C'est un premier pas vers la définition d'un droit
d'ingérence sur lequel s'appuieront bientôt les
États pour occuper le terrain humanitaire.**

Déploiement des Casques bleus

Par le principe du « maintien de la paix », l'ONU* s'immisce tant bien que mal dans certains conflits internes.
Son champ d'action est encore limité : elle attend l'accord des belligérants pour déployer ses Casques bleus
qui ne font usage de la force qu'en dernier ressort ou en
cas de légitime défense. En fait, ces interventions servent d'abord à fixer les rapports de force entre les parties
adverses, en attendant un éventuel dénouement de la
crise grâce aux négociations diplomatiques. Le premier
déploiement a lieu en 1947 en Grèce, suivi seulement
par quatorze interventions un peu partout dans le
monde jusqu'en 1988. Puis la multiplication des
conflits entraîne une accélération en la matière. En six
ans, jusqu'en 1994, seize nouvelles opérations sont lancées. Elles comportent la plupart du temps un volet
militaire (mettre fin aux hostilités et assurer la sécurité),
un volet politique (organisation d'élections) et un volet
humanitaire (aide aux réfugiés, programmes de redémarrage de l'activité économique). Mais progressivement, à partir de 1990, le volet humanitaire prend le
pas sur tous les autres. Les troupes envoyées sur place,
mandatées par l'ONU, se contentent alors de permettre
l'acheminement des secours aux populations civiles. Ces
opérations s'appuient alors sur un nouveau concept, le
« droit d'ingérence* », défini en 1991 au nom des principes humanitaires. Cette ingérence humanitaire n'appartient alors plus aux seules ONG* et débouche sur
une situation totalement nouvelle. Cet humanitaire
d'État brouille les cartes. L'humanitaire entre dans une
période de confusion.

Opérations de « maintien de la paix » de l'ONU

En 1995, les Casques bleus de l'ONU sont déployés sur 16 théâtres d'opération, mobilisant plus de 50 000 soldats d'une cinquantaine de nationalités.

1948 : L'Organisation des Nations unies chargée de l'observation de la trêve en Palestine (ONUST).

1949 : Le Groupe d'observateurs militaires des Nations unies en Inde et au Pakistan (UNMOGIP).

1964 : Force des Nations unies chargée du maintien de la paix à Chypre (UNFICYP).

1974 : Force des Nations unies chargée de surveiller le cessez-le-feu et la zone de séparation entre Israël et la Syrie (FNUOD).

1978 : Force intérimaire des Nations unies pour le Liban (FINUL).

1991 : Mission de vérification des Nations unies en Angola (UNAVEM II).

1991 : Mission d'observation des Nations unies pour l'Irak et le Koweït (MONUIK).

1991 : Mission des Nations unies pour le référendum au Sahara occidental (MINURSO).

1992 : Force de protection des Nations unies en ex-Yougoslavie (FORPRONU).

1993 : Mission d'observation des Nations unies en Géorgie (MONUG).

1993 : Mission d'observation des Nations unies au Libéria (MONUL).

1993 : Mission des Nations unies en Haïti (MINUHA).

1993 : Mission des Nations unies au Rwanda (MINUAR).

1994 : Mission d'observation des Nations unies au Tadjikistan (MONUT.)

1995 : Force de déploiement préventif des Nations unies (FORDEPRENU).

1995 : Opération pour le rétablissement de la confiance en Croatie (ONURC).

> D'abord militaires, techniques et politiques, les opérations de « maintien de la paix » de l'ONU se situent de plus en plus sur le seul terrain humanitaire.

L'humanitaire d'État en France

La France est un des pionniers de l'humanitaire d'État. Dès le milieu des années 1980, l'humanitaire « entre » au gouvernement. Au sein de la communauté internationale, la France joue également un rôle moteur dans ce domaine.

L'institutionnalisation

C'est en 1986 que le gouvernement de Jacques Chirac se dote pour la première fois d'un secrétariat d'État aux droits de l'homme. Il est confié à Claude Malhuret, ancien président de MSF. Deux ans plus tard, c'est encore un ancien de MSF, Bernard Kouchner, qui se retrouve titulaire d'un secrétariat d'État, mais cette fois à l'Action humanitaire proprement dite, puis ministre à part entière de la Santé et de l'Action humanitaire. À l'origine de l'action d'urgence, la France se retrouve aussi le précurseur de l'humanitaire gouvernemental. En mai 1995, Xavier Emmanuelli, président d'honneur de MSF, est nommé secrétaire d'État chargé de l'Action humanitaire d'urgence au sein du gouvernement d'Alain Juppé.

L'action

L'action de Bernard Kouchner est double : pointer d'une part les carences en matière d'accès aux soins en France, à une époque où le pays découvre son « quart-monde*», ses sans domicile fixe (SDF), la misère et la précarité qui frappent sur son propre sol ; agir d'autre part au sein de la communauté internationale pour que les problèmes humanitaires ne passent plus au second plan. Bernard Kouchner est notamment à l'origine du vote de la résolution 43-131 des Nations unies reconnaissant le droit d'accéder aux victimes. La France se tient aussi en première ligne, pour défendre la création par l'ONU* en avril 1992 d'un Office européen d'aide humanitaire (ECHO), chargé de gérer l'ensemble des opérations d'aide d'urgence de la CEE.

Par ailleurs, l'action de Bernard Kouchner est faite de coups d'éclats, comme l'opération « Du riz pour la Somalie » en collaboration avec l'Éducation nationale, qui invite en 1992 les jeunes Français à apporter un kilo de riz à l'école pour les petits Somaliens. Opération très médiatique, dont l'efficacité devait être largement contestée par certaines ONG* dénonçant cet « humanitaire-spectacle ». En cinq ans, de 1988 à 1993, la France a consacré plus d'un milliard de francs pour près de 400 opérations dans une centaine de pays.

Polémiques

Cette action gouvernementale ne va pas sans susciter de nombreux débats. Pour certains des plus éminents représentants des ONG, l'action humanitaire et la fonction politique ne doivent pas se confondre. « Le ministère de l'Action humanitaire n'a pas plus de raison d'être que n'en avait le ministère de l'Information, dès lors que la presse avait conquis sa liberté », écrit Rony Brauman, président de MSF de 1982 à 1994. De même, affirmait hier Xavier Emmanuelli, « L'humanitaire n'est pas institutionnel. L'humanitaire est subversif. ». Ce qui ne l'empêche pas d'intégrer le gouvernement Juppé, au nom de « l'efficacité », soulignant ainsi la difficulté qu'ont certains acteurs de l'humanitaire à trouver leur place. Cette indépendance et cette spécificité revendiquées se heurtent d'ailleurs de la même façon à l'occupation de l'espace humanitaire international par les États.

> L'humanitaire s'institutionnalise en France à travers la création d'un ministère spécifique. Mais cette entrée au gouvernement brouille un peu plus les frontières entre politique et humanitaire.

L'humanitaire d'État sur la scène internationale

Les années 1990 sont sans aucun doute celles du retour des États sur le front humanitaire. Un humanitaire casqué, au nom du droit d'ingérence, consacrant la volonté des grandes puissances d'imposer un nouvel ordre qui n'a souvent d'humanitaire que le nom.

Purification ethnique

Depuis 1991, une guerre fratricide oppose les communautés serbes, croates et bosniaques de l'ex-Yougoslavie éclatée.
Dans les zones qu'ils contrôlent, notamment en Bosnie, les Serbes pratiquent systématiquement une politique de déplacement des populations qui n'appartient pas à leur ethnie ou à leur religion.

Kurdistan, le début de l'ingérence

En mars 1991, le peuple kurde se soulève dans le nord de l'Irak. Malgré sa récente défaite face aux Alliés lors de la guerre du Golfe, l'Irak se lance dans une terrible répression contre les Kurdes. Près de deux millions de personnes fuient vers la frontière turque. La Turquie ne peut accueillir tous ces réfugiés et en appelle à l'aide internationale. À l'initiative du gouvernement français, le Conseil de sécurité* de l'ONU* adopte la résolution 688, qui exige que l'Irak autorise l'accès de son territoire aux organisations humanitaires. Américains et Européens mettent alors en place l'opération "Provide Comfort". Une zone de sécurité est délimitée dans le nord de l'Irak, et 17 000 soldats sont envoyés pour aider et protéger les Kurdes. Pour beaucoup, la résolution 688 et l'intervention au Kurdistan fondent ce nouveau droit d'ingérence*, en vertu duquel la communauté internationale ou certains États peuvent intervenir dans les affaires intérieures d'un autre État, pour des motifs humanitaires.

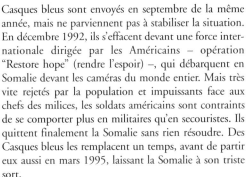

Somalie, l'échec

En 1992, la Somalie sombre dans une misère provoquée par la guerre entre différentes milices armées. Des Casques bleus sont envoyés en septembre de la même année, mais ne parviennent pas à stabiliser la situation. En décembre 1992, ils s'effacent devant une force internationale dirigée par les Américains – opération "Restore hope" (rendre l'espoir) –, qui débarquent en Somalie devant les caméras du monde entier. Mais très vite rejetés par la population et impuissants face aux chefs des milices, les soldats américains sont contraints de se comporter plus en militaires qu'en secouristes. Ils quittent finalement la Somalie sans rien résoudre. Des Casques bleus les remplacent un temps, avant de partir eux aussi en mars 1995, laissant la Somalie à son triste sort.

Bosnie, Rwanda, l'impuissance

Ce premier échec du nouvel ordre humanitaire se reproduit en Bosnie. L'intervention des Casques bleus (FORPRONU) masque en fait l'incapacité des nations européennes à trouver une solution politique au problème, ainsi que l'absence d'une intervention militaire pour mettre fin à la politique de purification ethnique à laquelle se livrent les Serbes.

Au Rwanda, où les massacres entre les deux ethnies rivales, Tutsis et Hutus, font plus d'un demi-million de morts en deux mois seulement à partir d'avril 1994, les forces de l'ONU (MINUAR) se révèlent également impuissantes et doivent quitter le pays. De juillet à octobre 1994, l'opération Turquoise, déclenchée par les troupes françaises et avalisée par l'ONU, permet tout de même d'évacuer plus de 3 000 personnes et de pratiquer près de 80 000 actes de soin. Mais le nouvel ordre humanitaire défendu par certains États est loin d'être un succès. Et ne facilite que rarement le travail des ONG*, empêtrées dans une confusion militaro-humanitaire qu'elles ne cessent de dénoncer.

D'abord au Kurdistan, puis en Somalie, dans l'ex-Yougoslavie et au Rwanda, les États interviennent militairement en arguant de motifs humanitaires. Le plus souvent sans succès réels.

Les ONG face à l'humanitaire en uniforme

Face aux interventions militaro-humanitaires des États, les ONG demandent des clarifications. Où commence, où s'arrête l'humanitaire ? Comment conserver son indépendance dans un tel contexte ? D'une redéfinition stricte des rôles de chacun dépend l'avenir de l'humanitaire.

Les risques de confusion

« Sur le terrain, nous nous adaptons aux différentes situations. Si nous pouvons collaborer avec des forces d'intervention de l'ONU*, nous n'hésitons pas si cela permet d'aider les victimes. Mais nous n'hésitons pas non plus à dénoncer certaines opérations qui se disent humanitaires et ne le sont pas. » Telle est la ligne directrice que se fixe Philippe Biberson, le président de MSF. Vigilance nécessaire tant les dernières interventions étatiques, du Kurdistan à la Somalie, ne sont pas exemptes d'arrière-pensées. Au Kurdistan, en 1991, les États-Unis se sont empressés d'intervenir d'abord pour que l'exode massif des Kurdes ne déstabilise pas la Turquie et l'Iran voisins. C'est essentiellement ce souci de stabilité régionale qui motive la résolution 688 de l'ONU et non le sort des victimes du conflit.

En Somalie, les Américains se voulaient d'abord soldats-secouristes avant de se transformer, sous la pression des milices, en belligérants supplémentaires et de fuir par crainte d'enlisement. C'est l'exemple, par l'absurde, d'une mission humanitaire finissant par enterrer totalement sa vocation première.

Philippe Biberson, actuel président de MSF.

Une nécessaire clarification

D'une intervention à l'autre, les ONG* n'ont de cesse de répéter qu'une clarification des rôles de chacun est indispensable. « Actuellement, souligne Philippe Biberson, les États sont incapables de trouver des solutions politiques aux conflits existants. Du coup, ils se tournent vers l'action humanitaire. Et l'humanitaire devient un pis-aller, un instrument diplomatique dans les relations internationales. C'est une supercherie. Nous, nous devons marquer notre différence. Faire comprendre aux victimes et à ceux qui nous soutiennent financièrement que notre seul intérêt est celui des victimes, que ce souci passe avant toute autre considération. Sinon, la confusion s'installe et on ne sait plus qui fait quoi, comment et pourquoi. »

Les ONG posent leurs propres limites

Entre neutralité et indépendance, les ONG se positionnent aujourd'hui en définissant elles-mêmes les limites de leur action. L'humanitaire ne peut à lui seul tout résoudre, mais seulement apporter quelques remèdes ponctuels. Les ONG dénoncent donc vigoureusement toutes les renonciations d'une communauté internationale qui, de la Bosnie au Rwanda, s'engage sur le terrain humanitaire pour mieux déserter tous les autres.

« Ce que je crains, c'est qu'à la longue on finisse par s'habituer à cet état de fait, s'alarme le président de MSF. Et que progressivement les États ne s'attachent plus à prévenir ou guérir les problèmes de fond. Les ONG sont nées pour combler un vide, mais elles ne devraient être que provisoires. Or on constate au contraire qu'elles sont de plus en plus nécessaires. C'est inquiétant. »

Les ONG réclament une clarification des engagements de chacun : que les États assument leurs responsabilités politiques, que les ONG se concentrent sur l'action humanitaire et leur fonction protestataire.

Les actions de proximité en France

La misère, les difficultés ne frappent pas seulement les autres. La fin des années 1980 est marquée en France par un activisme accru du secteur humanitaire sur le sol national et par l'ouverture par les grandes ONG internationales de missions au cœur même de l'Hexagone.

Missions France

Au centre du débat politique actuel, l'exclusion n'est pas un phénomène nouveau. Avec la crise économique des années 1980, la France se découvre un « quart-monde*» sur son propre territoire. Des milliers de Français d'abord estampillés « nouveaux pauvres », puis SDF ou RMistes, vocabulaire globalisant qui recouvre pourtant une réalité multiple. Face à cette précarité menaçant de plus en plus de personnes, le secteur humanitaire se mobilise. Les grandes ONG* internationales, MDM et MSF en tête, décident alors d'intervenir sur le terrain. L'urgence s'impose aussi chez nous !

MDM ouvre sa première Mission France dès 1986 à Paris. L'objectif est à la fois de fournir des soins gratuits et d'apporter une aide sociale aux plus démunis, SDF, jeunes chômeurs ou chômeurs de longue durée, immigrés en situation irrégulière. La mission n'est censée durer que quelques mois. Or, en 1994, MDM en compte vingt-sept réparties en France, et y consacre dix millions de francs. Aujourd'hui, MSF recense également une dizaine de missions similaires, baptisées « Solidarité France ».

sentiels

SSANCE DE NOS J

D'autres intervenants, d'autres interventions

Mais l'investissement des grandes ONG de l'urgence dans les missions locales ne doit pas faire oublier les autres acteurs associatifs, de plus en plus nombreux, et parfois implantés depuis bien plus long-temps. Ainsi le Secours populaire fran-çais (SPF), qui travaille auprès des déshérités de l'Hexagone depuis 1945 avec son millier de permanences d'ac-cueil et plus de 66 000 bénévoles, ou encore le Secours catholique, qui avec 710 millions de francs de budget en 1994, est la plus importante organisa-tion de secours en France.

D'autres associations, nées de la récession, œuvrent uni-quement en France. Les Restaurants du Cœur, créés en 1985 par Coluche, ou Relais médical aux délaissés (REMEDE), qui propose des soins gratuits aux plus démunis dépourvus de couverture sociale.

La vogue des micro-projets

L'aide sociale prend de plus en plus d'importance pour maintes associations. Des projets sont montés dans des quartiers, dans les grandes villes, actions ponctuelles ou de longue durée qui mobilisent nombre de bénévoles. Cette tendance se manifeste en France mais également à l'étranger. Au-delà de l'urgence et des interventions lors de conflits ou de catastrophes naturelles, les acteurs de l'humanitaire s'investissent dans des projets ponctuels, limités au niveau des quartiers des villes du tiers-monde, auprès des enfants des rues, de certaines minorités délaissées. Aujourd'hui, près de 10 % des volontaires des ONG opèrent sur ce terrain social, coopérant avec des États incapables de résoudre ces problèmes locaux. C'est un phénomène appelé à se développer encore tant les besoins sont énormes et les solutions globales défen-dues par les États souvent difficilement adaptables à la spécificité et à la complexité de chaque situation.

> Les malheurs « exotiques » ne cachent plus les détresses toutes proches. Les actions des ONG se développent en France même, et les acteurs humanitaires investissent de plus en plus le terrain social.

L'avenir de l'humanitaire

Le mouvement humanitaire sort tout doucement d'une crise identitaire. La multiplication de ses actions, l'occupation de son espace par les États, avec les conséquences politiques souvent contradictoires que cela implique, exigent une vigilance et un repositionnement de tous les instants.

Éviter la confusion

Pour la plupart des acteurs indépendants du mouvement humanitaire, l'avenir de leur action passe nécessairement par une claire séparation des tâches imparties aux États d'une part, et aux organisations impartiales d'autre part. Faire respecter le droit international et secourir les victimes, ce sont deux fonctions différentes qui ne doivent plus se chevaucher. Cité par Alain Destexhe (voir bibliographie), Cornélio Somaruga, le président du CICR*, met l'accent sur les dangers d'une absence de clarification : « Faire fusionner ces deux fonctions distinctes en une seule et unique démarche, dont les États, en se substituant aux organisations humanitaires, assureraient la mise en œuvre par les moyens de la contrainte, ne peut qu'amener l'action humanitaire à une impasse : sa politisation. Faut-il dès lors s'étonner que dans l'assistance que l'on s'efforce de leur apporter, les victimes ne voient qu'un alibi et l'aveu même de l'impuissance ou du refus des gouvernements d'assumer pleinement leurs responsabilités sur un plan politique ? C'est aussi l'impartialité de l'action humanitaire qui se trouve ainsi mise en péril. » L'affranchissement mutuel du politique et de l'humanitaire est sans doute l'un des enjeux majeurs de demain.

Prolonger le témoignage

Pour autant, les ONG* ne doivent pas abdiquer leur devoir de témoignage et d'alerte. Au-delà du dévouement de ses acteurs, l'action humanitaire n'est pas une simple mesure palliative, rendant plus supportable la misère sous prétexte qu'elle serait « entre de bonnes mains ». Les violons philanthropiques ne suffisent pas à adoucir les mœurs sur le terrain. Contribuer à résorber l'injustice n'empêche pas de la dénoncer, toujours plus vivement. Cette fonction protestataire, cette permanente capacité de révolte fondent la légitimité de l'action humanitaire et de ses incursions dans le champ politique. Non pour s'y substituer, mais bel et bien pour que chacun soit conscient de ses responsabilités. Aujourd'hui et demain.

Urgence et développement

S'orienter de plus en plus vers des actions à long terme, sans pour cela délaisser l'urgence, telle est également l'une des pistes à suivre. Très souvent, sur le terrain, les interventions d'urgence débouchent déjà sur des programmes de développement plus diversifiés. Le plus sûr moyen d'éviter les rechutes, c'est d'œuvrer non plus seulement à guérir mais surtout à prévenir. C'est aussi une manière d'adresser un message perpétuel de soutien aux deux tiers de la planète, de montrer que les riches nations ne se penchent pas sur le sort des plus pauvres en vertu d'une « disponibilité », passagère ou intéressée.

> Séparation du politique et de l'humanitaire, dénonciation perpétuelle de l'injustice et prévention par des interventions dans le long terme balisent l'avenir de l'action humanitaire.

Médecins du Monde : portrait d'une ONG

Deuxième ONG* française après Médecins sans frontières, Médecins du Monde (MDM) recentre depuis quelques années ses missions sur la France, sans oublier sa vocation mondialiste première. Une double action où l'association se montre souvent novatrice.

Son action

Créée le 21 mai 1980 à l'initiative de Bernard Kouchner, en rupture depuis un an avec MSF qu'il avait contribué à fonder, MDM porte d'abord, comme MSF, assistance aux victimes des catastrophes naturelles et des conflits armés partout dans le monde (une trentaine de

pays en 1994). À côté de ses actions humanitaires traditionnelles, MDM fonde également en 1988 la mission Adoption pour les enfants du tiers-monde déshérités, et Action École pour défendre les droits des enfants.

Au milieu des années 1980, l'association se démarque en intervenant aussi en France. Aujourd'hui, deux tiers de ses missions sont internationales et un tiers françaises. Dans ce domaine, MDM se veut novatrice. Dès 1987, c'est la première association française à proposer un dépistage gratuit et anonyme du SIDA. De la même façon, en 1994, MDM ouvre un premier centre de méthadone (produit de substitution de l'héroïne, utilisé pour les cures de désintoxication des toxicomanes).

Son budget

Partie avec 1,5 million de francs en 1980, MDM dispose aujourd'hui d'un budget de 250 millions de francs. 105 millions proviennent d'organismes publics (surtout l'Union européenne, puis le Haut-Commissariat aux réfugiés de l'ONU*, l'État et les collectivités locales), et 145 millions de personnes privées (95 % des particuliers, 5 % des entreprises). MDM peut compter sur environ 800 000 donateurs, qu'elle touche par courrier ou par la publicité (25 millions de francs consacrés en 1994 aux appels à la générosité). Toujours en 1994, c'est au Rwanda qu'a été affectée la somme la plus importante (25 millions de francs). Généralement, MDM cible ses campagnes de collecte de fonds, comme par exemple pour la Bosnie début 1995. Les dons privés sont fondamentaux, car ils permettent à MDM d'intervenir sur le long terme en s'appuyant sur des réserves financières. Ainsi, l'argent perçu en 1990 pour la Roumanie permet à l'association d'être toujours présente en 1995 sur ce terrain, alors que le pays n'est plus sous les projecteurs de l'actualité.

Ingérences

Cette revue, publiée tous les semestres par MDM, donne la parole à des intellectuels ou à des personnalités qui commentent l'actualité humanitaire.

Ses hommes

Présidée aujourd'hui par Bernard Granjon, MDM est gérée par un conseil d'administration de 12 membres, élus par les adhérents. 140 permanents travaillent à l'association, avec plus de 1 500 volontaires (bénévoles ou indemnisés), dont près de 300 se trouvent en permanence sur le terrain. Les hommes et les femmes de MDM sont médecins, chirurgiens, infirmiers, sages-femmes, dentistes, assistantes sociales, pharmaciens, psychologues, agronomes, logisticiens. Durant les deux premiers mois, les départs sont bénévoles, avant d'acquérir le statut de volontaire (là, les indemnités versées en France s'élèvent autour de 5 000 francs par mois). Les missions longues (plus de six mois) constituent désormais l'essentiel des besoins. MDM ne recrute que les plus de 23 ans. Plus de la moitié de ses médecins en poste à l'étranger sont jeunes : moins de 35 ans.

> Médecins du Monde est, avec Médecins sans frontières, la plus connue et la plus active des ONG vouées à l'urgence. À l'étranger, mais aussi en France aujourd'hui.

MSF en Tchétchénie :
une mission à la loupe

**Depuis décembre 1994, la république
autonome de Tchétchénie, au nord
du Caucase, est le théâtre d'un conflit
meurtrier entre l'armée russe
et les indépendantistes tchétchènes.
Médecins sans frontières est sur place.
Gros plan sur une mission à haut risque.**

Le lancement de la mission

Dès le début de l'année 1994, MSF est présente dans le
Caucase. Une équipe intervient notamment sur une
épidémie de choléra durant l'été. Quand les troupes
russes déclenchent leurs opérations en Tchétchénie le
11 décembre pour étouffer la volonté d'indépendance

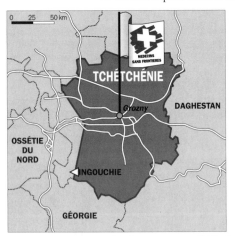

tchétchène, l'équipe se
déplace dans la petite
République. Mais ses
sept membres sont très
vite dépassés. La guerre
exige des moyens d'ai-
de plus importants.
Dès janvier 1995, MSF
dépêche sur place un
coordinateur d'urgence
pour préparer le ter-
rain. Parallèlement,
MSF cherche à finan-
cer la mission. Elle sol-
licite un partenaire ins-
titutionnel, la CEE. Le
programme est soumis

à l'Office européen d'aide humanitaire (ECHO) qui
débloque rapidement près de quatre millions de francs.
À partir du mois de mars, 12 membres de MSF démarrent
vraiment leur mission.

La mission

Face aux besoins, MSF ouvre en fait trois missions : une à Grozny, la capitale tchétchène, une à Kurtchaloy, à 40 km au sud-est de Grozny, une à Chatoy, fief indépendantiste dans les montagnes du sud. « La situation est très complexe et très mouvante, et nous devons nous adapter sans arrêt », raconte François Calas, coordinateur des opérations pendant deux mois. À Grozny, l'équipe travaille d'abord à ravitailler un hôpital en médicaments et assure un soutien technique. Puis, après le bombardement systématique du centre-ville, MSF s'applique à secourir une population qui s'est réfugiée pendant des semaines dans des caves. Les séquelles psychologiques, les problèmes d'hygiène sont énormes. MSF réconforte, aiguille vers les hôpitaux encore debout.

À Kurtchaloy, le front s'est arrêté à quelques kilomètres de la ville au printemps 1995. La mission, d'assistance dans un premier temps, s'est transformée en urgence médicale, dans des conditions instables et précaires. Problèmes similaires à Chatoy, transformée en base arrière des résistants tchétchènes. L'opération, menée sans grands moyens, est devenue lourde : près de 50 tonnes de matériel acheminé par avions, par semi-remorques. Le budget a doublé, financé par les fonds propres de l'ONG*, en attendant d'éventuels dons.

Opération délicate

« C'est une mission difficile à gérer politiquement, explique François Calas. Les Russes ne soutiennent pas tous unanimement l'intervention de leur armée. Il nous faut donc trouver les bons interlocuteurs, ceux qui faciliteront le plus notre travail. Côté tchétchène, ce n'est pas plus simple. Au début, ils se méfiaient de nous, croyant que nous étions des espions russes. »

À ces problème « diplomatiques » s'ajoute évidemment une insécurité permanente. Les équipes de MSF sont d'ailleurs relevées tous les trois mois, tant le stress, l'incertitude de tous les instants, pèsent sur le moral des hommes.

François Calas, coordinateur des opérations en Tchétchénie :
« Nous restons tant que subsistent des civils à aider dans le secteur. Le conflit s'annonce long, et nous sommes donc installés pour longtemps ».

MSF en Tchétchénie, une mission qui concentre toutes les difficultés d'intervention des ONG au cœur des guerres internes.

Les Restos du Cœur : l'urgence en France

Coluche ne fait pas seulement rire. En 1985, il lance en France les Restos du Cœur. Leur mission ? Donner aux plus démunis au moins le minimum pour survivre : de quoi manger. Tous les hivers, les Restos remettent le couvert.

Son action

« On essaiera un jour de faire une grande cantine, peut-être cet hiver. Gratos. Voilà. Une idée comme ça. » Une idée simple, lancée presque sur le ton de la plaisanterie sur les ondes d'Europe 1 où intervient en ce milieu des années 80 l'inénarrable Coluche. Sauf que cette fois, l'humoriste ne plaisante pas. L'aventure des Restos du Cœur démarre en 1985. Leur objectif : nourrir tous ceux qui, en France, surtout au cœur de l'hiver, se retrouvent plongés dans la plus sombre des misères. La première année, pendant trois mois, huit millions de repas sont distribués. « Coluche voulait que nous soyons du poil à gratter. Que les Français prennent conscience de cette situation dramatique. Qu'ils ne s'habituent pas », martèle aujourd'hui Marie Dumas, la présidente de l'association. Impossible de s'habituer, certes. Mais les Restos sont devenus de plus en plus indispensables. Durant l'hiver 1994-1995, 50 millions de repas sont fournis dans les 1 400 centres de distribution des 87 associations départementales.

Ce sont en tout quelque 450 000 personnes qui sont servies, pour un nombre en augmentation constante. Et il s'agit de gens tellement démunis que les Restos se sont diversifiés, pour ne plus seulement intervenir dans le court terme.

Avec les Jardins du Cœur et les Ateliers du Cœur par exemple, l'association tente de réinsérer certains grâce à des contrats emploi-solidarité (CES). De même, en ouvrant en décembre 1994 sa Péniche du Cœur à Paris, d'une capacité de 72 lits, l'association se lance dans l'hébergement d'urgence.

Son budget

Les Restos du Cœur fonctionnent avec un budget de 191 millions de francs. Plus de 100 millions sont collectés auprès de 320 000 donateurs privés. Actuellement, pour dix francs reçus, les Restos dépensent environ 76 centimes en communication, mailing et autres publicités. Près de 60 millions proviennent de l'État et de la CEE (l'essentiel sous forme de marchandises des surplus communautaires), et le reste d'opérations diverses, comme les concerts des « Enfoirés », avec des chanteurs vedettes qui soutiennent l'association. Pour les Restos, un repas coûte quatre francs de nourriture, et environ vingt centimes de frais de fonctionnement.

Ses hommes

L'association, qui ne compte qu'une dizaine de permanents, ne peut continuer son œuvre que grâce au dévouement de ses bénévoles. Ils sont en 1995 près de 25 000 à intervenir pendant les campagnes d'hiver. Les Restos trouvent assez facilement les bras nécessaires pour distribuer les repas. En revanche, la diversification de leurs actions nécessite de plus en plus des intervenants s'inscrivant dans le plus long terme. Dans ce cadre, l'association cherche désormais des volontaires motivés pour une aide soutenue. Après dix ans d'existence, le « succès » des Restos démontre, hélas, la persistance des besoins.

> Depuis 1985, les Restos du Cœur créés par Coluche distribuent chaque hiver toujours plus de repas. Constat dramatique, qui témoigne d'une exclusion grandissante.

Les métiers de l'humanitaire

Dans le secteur humanitaire, le recrutement ne concerne plus les seules professions médicales. Le panel des emplois est très large et, en se professionnalisant, l'humanitaire génère des emplois spécialisés.

Les professions médicales

Les médecins restent sans aucun doute les ambassadeurs de l'humanitaire. Souvent à l'origine de la création des ONG*, ils occupent toujours le devant de la scène. Les médecins généralistes, chirurgiens, anesthésistes, infirmiers, sages-femmes, etc. ne représentent pourtant que 20 % des effectifs des ONG. Ils interviennent dans des situations d'urgence pour les premiers soins, l'évaluation des besoins et l'organisation des secours. Mais sur le terrain, urgence et développement se combinent de plus en plus : d'où les actions préventives (lutte contre la malnutrition et le sida, dépistage et vaccination), d'éducation sanitaire (hygiène, formation du personnel de santé local). Les opérations se faisant de plus en plus longues, des ONG comme MSF ou MDM fidélisent leurs médecins qui conservent leurs postes pendant plus de deux ans. Les profils requis imposent aujourd'hui une certaine polyvalence, une capacité d'adaptation à des situations complexes, voire dangereuses. Enfin, la recherche médicale est devenue un nouveau pôle important au sein de l'humanitaire.

Les métiers du développement

Au-delà de l'urgence se distinguent les projets de développement. Les médecins laissent alors la place à d'autres intervenants, s'attachant à reconstruire, organiser, éduquer. Ces professionnels, souvent ignorés du grand public, représentent près de 30 % des effectifs des ONG. Leur travail est certes moins spectaculaire, mais tout aussi fondamental. Les artisans sont très recherchés : forgerons, menuisiers, mécaniciens, maçons, etc. Il s'agit de construire des infrastructures, remettre en état des installations, mais également être capable de lancer ou d'appuyer des initiatives locales. Les ingénieurs en bâtiment et travaux publics, ou en agriculture, sont également les bienvenus. Autres secteurs importants : l'éducation pour l'alphabétisation, la formation d'artisans ou de gestionnaires, et le social, avec notamment de nombreuses missions dans les grandes villes du tiers-monde.

Les métiers spécialisés

Quatre « nouveaux » métiers occupent une place prépondérante :

– le logisticien est un peu l'homme à tout faire des ONG sur le terrain. Expérience et débrouillardise en bandoulière, il estime et gère sur place les besoins en équipement, s'occupe d'organiser les transports, de monter les installations ;
– le coordinateur, lui, assure la liaison entre le terrain et les responsables des ONG. C'est avant tout un administrateur, doublé d'un diplomate chargé des relations avec les autorités locales. C'est également lui qui répartit les équipes sur place, et relance les bailleurs de fonds ;
– les contremaîtres, eux, jouent un rôle similaire, mais entre les coordinateurs, souvent installés dans les capitales, et les volontaires sur le terrain. Ils gèrent les finances des missions locales, recrutent le personnel autochtone, supervisent les programmes ;
– enfin, spécialiste en marketing social, un métier en plein développement. La collecte de fonds pour les ONG, un travail bien spécifique, surtout dans un monde toujours plus concurrentiel.

Professions médicales, artisans, professeurs, ingénieurs, assistantes sociales, logisticiens, coordinateurs, contremaîtres, experts en marketing social, les métiers de l'humanitaire se diversifient de plus en plus.

Les formations

La formation aux métiers de l'humanitaire accuse un certain retard par rapport aux besoins du secteur. Néanmoins, quelques filières universitaires, certaines écoles spécialisées et de nombreux séminaires d'information permettent d'acquérir les connaissances nécessaires.

L'université

Il n'existe guère de cursus universitaire totalement axé sur les métiers de l'humanitaire. Les énormes besoins sont assez récents et les universités ne s'adaptent que tout doucement. En matière de formation courte, signalons l'Institut de maintenance industrielle, rattaché à l'université de Paris VIII, qui propose au sortir du baccalauréat une formation en deux ans débouchant sur un diplôme de technicien supérieur tourné vers l'aide humanitaire. Autre formation en deux ans après le baccalauréat : l'IUT B d'animation socio-culturelle de Bordeaux propose une spécialisation dans les métiers d'animation dans le développement et la coopération internationale. Les étudiants, détenteurs d'un DUT, deviennent techniciens ou « médiateurs socioculturels » auprès des collectivités territoriales en France et à l'étranger ou auprès des associations de solidarité internationale.

Avec bac + 2, on trouve deux formations à l'aide au développement en 3 ans : le magistère en développement économique de Clermont-Ferrand I, et le magistère de relations internationales et d'action à l'étranger de Paris I. Avec bac + 4, là encore, seulement deux diplômes : la maîtrise d'aménagement appliqué aux pays en voie de développement de Paris VII, et la maîtrise d'aménagement mention aide technique aux pays du tiers-monde d'Aix-Marseille I.

En revanche, à partir du troisième cycle, nombre de diplômes d'études appliquées (DEA) ou de diplômes d'études supérieures spécialisées (DESS) permettent d'explorer les chemins de l'humanitaire, en médecine d'abord, mais aussi dans les secteurs politiques, économiques et sociaux du développement.

NAISSANCE | DE NOS JOU

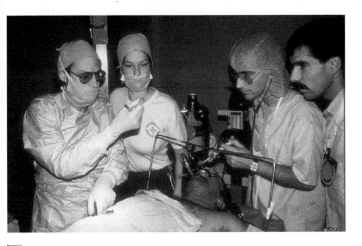

Les écoles spécialisées

Ce sont essentiellement deux écoles : Bioforce et 3A.
Créée en 1983, Bioforce forme en trois ans des logisticiens pour les missions d'urgence et de développement.
L'institution s'est largement imposée dans le paysage
humanitaire. Mais les places sont chères : pour 1 200
candidats en 1993, seulement 85 ont été admis. Ces
« hommes à tout faire » de l'action humanitaire trouvent ensuite facilement leur place au sein des ONG*.
L'école 3A (Asie – Amérique latine – Afrique) forme en
trois ans plutôt des gestionnaires. Après deux ans d'enseignement général, les étudiants peuvent se spécialiser
dans la gestion des ONG ou du secteur coopératif.

Les séminaires

À partir d'une filière classique, il est également possible
de suivre des stages de formation, destinés à préparer les
étudiants à une éventuelle expatriation dans un pays du
tiers-monde ou à une action sur le terrain. Ainsi, parmi
bien d'autres, Épicentre, l'école de formation de MSF,
qui propose des stages pour les « débutants », la Croix-
Rouge avec un cycle court à l'action humanitaire, l'association Silo solidarité-développement qui organise des
séminaires pour les volontaires au départ, ou encore
l'Action d'urgence internationale (AUI), qui forme par
des stages de quinze jours des secouristes polyvalents.

> Quelques pistes
> qui peuvent
> déboucher sur des
> emplois au sein
> des ONG :
> les filières
> universitaires,
> encore trop
> limitées, les rares
> écoles spécialisées,
> les séminaires
> pour les plus
> pressés.

Glossaire

Boat-people
Réfugiés quittant leur pays sur des embarcations de fortune. Le drame des boat-people a surtout frappé l'opinion mondiale à partir de 1978, avec l'exode massif des Vietnamiens fuyant le régime communiste.

La tragédie du Haï Hong, un cargo où s'étaient entassés 3 000 Vietnamiens refoulés par la Malaisie, a largement contribué à la mobilisation des secours envers ces réfugiés.

CICR
(Comité international de la Croix-Rouge) Institution indépendante de droit suisse, le CICR, basé à Genève, promeut le Droit humanitaire fondé sur les conventions de Genève. Pendant les conflits armés, il est mandaté par la communauté internationale pour veiller au respect de ce droit par les belligérants.

Conflits périphériques
conflits qui dépassent l'affrontement traditionnel de la guerre froide, entre l'Est et l'Ouest.

Conseil de sécurité de l'ONU
Organe responsable du maintien de la paix. Il est composé de quinze membres : cinq permanents (Chine, États-Unis, France, Royaume-Uni, Russie), qui disposent d'un droit de veto sur les décisions prises, et 10 autres États, élus tous les deux ans par l'Assemblée générale.

Conventions de Genève
Elles sont au nombre de quatre, adoptées en 1949 (plus deux protocoles additionnels en 1977), et fondent l'essentiel du Droit humanitaire. Elles assurent la protection des blessés, des malades, des prisonniers de guerre, des naufragés et des personnes civiles durant les conflits armés.

Droit d'ingérence
Droit de s'immiscer dans les affaires intérieures d'un État (par exemple en intervenant militairement sur son sol) au nom de principes humanitaires.

Druzes
Membres d'une population arabophone du Proche-Orient comptant 250 000 personnes environ, qui vivent en Syrie, au Liban et en Israël.

French doctors
Expression qui désigne les membres des organisations médicales humanitaires, spécialité française reconnue depuis la naissance de Médecins sans frontières et d'autres associations semblables.

Guerre froide
Désigne la période qui commence au lendemain de la Deuxième Guerre mondiale et qui marque une tension extrême entre les blocs de l'Ouest et de l'Est, entre capitalisme et communisme.

HCR

(Haut-Commissariat des Nations unies pour les réfugiés)
Agence spécialisée des Nations unies fournissant aux réfugiés un statut juridique (convention de Genève pour les réfugiés de 1951), une assistance matérielle et une protection, en étroite collaboration avec les ONG.

Les lumières

Mouvement philosophique qui domine le monde des idées en Europe au XVIIIe siècle. Il se caractérise par sa défiance à l'égard de l'autorité, des préjugés, et invite au contraire l'homme à juger par lui-même. C'est par cette foi dans la raison et dans l'éducation que l'homme peut atteindre la vertu et s'assurer le bonheur.

ONG

(Organisation non gouvernementale)
Association privée œuvrant à des tâches d'intérêt général. Elle s'oppose aux organisations gouvernementales ou intergouvernementales comme les agences spécialisées de l'ONU.

ONU

(Organisation des Nations unies)
Organisation internationale qui rassemble les 185 États du monde. Elle veille, suivant sa charte signée le 26 juin 1945 à San Francisco, à sauvegarder la paix et la sécurité internationale, et à instaurer entre les nations une coopération économique, sociale et culturelle. Son siège est à New York.

OMS

(Organisation mondiale de la santé)
Agence spécialisée des Nations unies, créée en 1946, dont le but est d'amener tous les peuples au niveau de santé le plus élevé possible. Elle siège à Genève.

Quart-monde

Désigne dans les pays industrialisés l'ensemble des populations les plus démunies, notamment celles des zones urbaines.

Régime totalitaire

Régime politique dans lequel une poignée de dirigeants ou un parti détient l'intégralité des pouvoirs, sacrifie les droits de l'homme à la raison d'État et ne tolère aucune opposition.

UNICEF

(Fonds des Nations unies pour l'enfance)
Agence spécialisée de l'ONU, créée en 1946 et siégeant à New York. À l'origine, l'UNICEF s'attache au lendemain de la Deuxième Guerre mondiale à porter secours aux enfants en Europe. La situation s'améliorant progressivement, l'organisation se tourne dans les années cinquante vers des actions à long terme pour les enfants du tiers-monde.

Bibliographie

Livres

BRAUMAN (Rony),
L'action humanitaire, coll.
« Dominos », Flammarion, 1995.
Un survol rapide de l'histoire
humanitaire, suivi d'une réflexion
sur les dilemmes et la complexité de
l'action.

BRAUMAN (Rony),
Devant le mal , Rwanda, un
génocide en direct, Arléa, 1994.
L'analyse engagée d'un des événe-
ments les plus dramatiques de cette
fin de XXe siècle.

DESTEXHE (Alain),
L'humanitaire impossible,
Armand Colin, 1993.
Le récit sans concessions des pièges
et des enjeux auxquels s'est toujours
retrouvée confrontée l'action humanitaire.

FONTAINE (André),
Histoire de la guerre froide
(tomes I et II), et ***Histoire de la***
« détente », Le Seuil, coll.
« Points-Histoire », 1982, repris de
chez Fayard, 1967.
Les coulisses des relations internationales depuis 1917 par l'ancien
directeur du quotidien *Le Monde.*
Aussi passionnant qu'un trépidant
roman d'espionnage.

Populations en danger 1995,
sous la direction de François Jean,
La Découverte, 1995.
Le rapport annuel de Médecins sans
frontières sur les crises majeures et
l'action humanitaire. Analyses et
points de vue, avec, pour la
première fois, un excellent atlas.

PERRIOT (Françoise) et JOST
(Philippe),
***Le guide des actions humani-
taires 1995***,
hors collection, 1995.
Quelles actions en France, à
l'étranger ? Comment partir et où ?
Austère mais extrêmement pratique.

RUFIN (Jean-Christophe),
L'aventure humanitaire, coll.
« Découvertes », Gallimard, 1994.
Une bonne synthèse qui permet
d'appréhender rapidement l'univers
humanitaire.

RUFIN (Jean-Christophe),
Le Piège humanitaire,
Hachette-Pluriel, 1993.
Comment l'action humanitaire, au
nom de l'urgence, en vient parfois à
prolonger les drames contre lesquels
elle prétend lutter.

SERVANT (Jean-Christophe),
Les métiers de l'humanitaire,
L'Étudiant pratique, 1993.

Comment débuter, quelles sont les filières de formation, les métiers les plus demandés, un excellent guide pratique pour tous ceux qui souhaitent s'engager.

SMITH (Stephen), **Somalie, la guerre perdue de l'humanitaire**, Calmann-Lévy, 1993.
Le récit d'un des plus terribles et pathétiques fiascos de l'action humanitaire d'État.

WEBER (Olivier), **French doctors**, Robert Laffont, 1995.
L'odyssée des inventeurs de la médecine humanitaire. Trois ans d'enquête auprès des grandes figures du mouvement, mais aussi des anonymes sur le terrain.
Un feuilleton sans temps morts.

L'État des réfugiés dans le monde. Le défi de la protection, La Découverte, 1994.
Un rapport très alarmant du Haut-Commissariat aux réfugiés qui permet de mieux mesurer ce phénomène toujours grandissant.

Revues

Autrement, « La Charité », série « Morales », N° 11, avril 1993
À lire tout particulièrement l'article de J. Pappas : « Le XVIIIe siècle, de la charité à l'humanité ».
Le débat, « Les usages de l'humanitaire », N° 84, mars-avril 1995.
Les analyses entre autres de Rony Brauman et Jean-Christophe Ruffin sur l'utilisation et la perception de l'action humanitaire ces dernières années.

Adresses utiles

Action internationale contre la faim (AICF)
34, av. Reille 75014 Paris. Tél. : (1) 53 80 88 88.
Aides 247, rue de Belleville 75019 Paris. Tél. : (1) 44 52 00 00.
Aide médicale internationale
119, rue des Amandiers 75020 Paris. Tél. : (1) 46 36 04 04.
Association française des volontaires du progrès Le Bois du Faye
BP 207, Linas, 91310 Monthléry Cedex. Tél. : (1) 69 01 10 95.
ATD - Quart-Monde
107, av. du Général-Leclerc 94480 Pierrelaye. Tél. : (1) 42 46 81 95.
Centre national du volontariat
127, rue Falguière 75015 Paris. Tél. : (1) 40 61 01 61.
Comité catholique contre la faim et pour le développement
(CCFD) 4, rue Jean-Lantier 75001 Paris. Tél. : (1) 44 82 80 00.
Comité de liaison des ONG de volontariat
9-11, rue Guyton-de-Morveau 75013 Paris. Tél. : (1) 45 65 96 65.
Croix-Rouge française
1, place Henri-Dunant 75384 Paris Cedex 08. Tél. : (1) 44 43 11 00.
Équilibre 14 bis, bd de l'Artillerie, 69007 Lyon. Tél. : 78 69 61 41.
Fondation de France
40, avenue Hoche 75008 Paris. Tél. : (1) 44 21 31 00.
Frères des hommes
9, rue de Savoie 75006 Paris. Tél. : (1) 43 25 18 18.
Handicap international
14, avenue Berthelot 69361 Lyon Cedex 07. Tél. : 78 69 79 79.
Ingénieurs sans frontières
1, place Valhubert 75013 Paris. Tél. : (1) 44 24 06 82.
Médecins du Monde 67, avenue de la République
75541 Paris Cedex 11. Tél. : (1) 49 29 15 15.
Médecins sans frontières
8, rue Saint-Sabin 75544 Paris Cedex 11. Tél. : (1) 40 21 29 29.
Medicus Mundi
153, rue de Charonne 75011 Paris. Tél. : (1) 43 70 87 57.
Œuvres hospitalières françaises de l'ordre de Malte
92, rue Ranelagh, 75787 Paris Cedex 16. Tél. : (1) 45 20 80 20.
Orthopédie sans frontières
1, avenue des Troènes 44100 Nantes. Tél. : 40 94 32 87.

Pharmaciens sans frontières
4, voie Militaires-Gravanches 63000 Clermont-Ferrand.
Tél. : 73 98 24 98.
Relais médical aux délaissés
33, rue de la Folie-Regnault 75011 Paris. Tél. : 43 79 28 91.
Les Restos du Cœur
221, rue Lafayette 75010 Paris. Tél. : (1) 42 53 91 12.
Secours catholique
106, rue du Bac 75007 Paris. Tél. : (1) 43 20 14 14.
Secours populaire français
9, rue Froissard 75140 Paris Cedex 03. Tél. : (1) 44 78 21 00.
Unicef comité français
3, rue Dugay-Trouin 75006 Paris. Tél. : (1) 44 39 77 77.
Terre des hommes
4, rue Franklin 93200 Saint-Denis. Tél. : (1) 48 09 09 76.
Vétérinaires sans frontières
14, avenue Berthelot, 69007 Lyon. Tél. : 78 69 79 59.

Formation/Stages :

Action d'urgence internationale
10, rue Félix-Ziem 75018 Paris. Tél. : (1) 42 64 75 88.
Bioforce Rhônes-Alpes
44, boulevard Lénine, 69694 Vénissieux Cedex. Tél. : 78 67 32 32.
3A, École internationale de commerce et de développement
3, chemin des Cytises 69340 Francheville. Tél. : 78 34 51 60.
UT B d'animation socioculturelle de Bordeaux
33 000 Gradignan. Tél. : 56 84 44 44.
Silo développement solidaire
, place de l'Eglise 77000 Melun Cedex. Tél. : (1) 64 37 49 30.

Information :

Réseau d'information tiers-monde (RITIMO)
20, rue Rochechouart 75009 Paris. Tél. : (1) 42 82 07 51.
Ibiscus 1 bis, rue du Havre
75008 Paris. Tél. : (1) 42 94 24 34.

Index

Attention : *le numéro de renvoi correspond à la double page.*

NAISSANCE | DE NOS

Dans la même collection :

Responsable éditorial : Bernard Garaude
Directeur de collection – édition : Dominique Auzel
Secrétariat d'édition : Véronique Sucère
Lecture – collaboration : Pierre Casanova
Correction – révision : Jacques Devert
Iconographie : Sandrine Guillemard
Conception graphique – couverture : Bruno Douin
Maquette : Jean-Paul René
Cartographie – infographie : François Le Moël

Crédit photos :
Couverture : Croix Rouge / photothèque Sommaire : Croix Rouge / photothèque
Roger-Viollet : p. 4, 5, 6, 8, 9, 10 / Croix Rouge - photothèque : p. 6, 12, 13, 14,
15, 23, 24, 26, 27, 33, 34, 36, 41, 42, 45, 53, 55 / Explorer : p. 11, 50 / FAO - photothèque : p. 16, 17, 28, 44 / HCR - photothèque : p. 19, 22, 25 / M.S.F. - photothèque : p. 20, 21, 23, 30, 31, 33, 38, 39, 40, 43, 52 / GAMMA : p. 29, 35, 46, 51

Les erreurs ou omissions involontaires qui auraient pu subsister dans cet ouvrage malgré les soins et
les contrôles de l'équipe de rédaction ne sauraient engager la responsabilité de l'éditeur.

Aubin Imprimeur, 86240 Ligugé. — D.L. septembre 1999. — Impr. P 58893